Hauptmann von Moor

Kurze Geschichte der bayerischen Rheinpfalz unter den Römern

Hauptmann von Moor

Kurze Geschichte der bayerischen Rheinpfalz unter den Römern

ISBN/EAN: 9783743374294

Hergestellt in Europa, USA, Kanada, Australien, Japan

Cover: Foto ©ninafisch / pixelio.de

Manufactured and distributed by brebook publishing software
(www.brebook.com)

Hauptmann von Moor

Kurze Geschichte der bayerischen Rheinpfalz unter den Römern

Kurze Geschichte

der

bayerischen Rheinpfalz

unter den Römern.

––––

Von Hauptmann von Moor.

MrFDH.

––––

Zweite Auflage.

––––

Landau.

Druck und Verlag von Eb. Kaußler.

1 8 6 6.

Vorrede.

Ueber den vierhundertjährigen Aufenthalt der Römer auf dem linken Rheinufer, beziehungsweise in der heutigen Rheinpfalz, finden sich in vielen Geschichtswerken bald kürzere Andeutungen, bald ausführlichere Abhandlungen, welche mit dem oft sehr reichen Material dieser Werke eng verwebt, nur mühsam aufzufinden sind. Die nachstehende historisch=geographische Skizze, — wozu ich vorzugsweise Görringer's „Pirminius" und König's „Beschreibung der römischen Denkmäler im bayerischen Rheinkreise" benützte, — soll nun in gedrängter Kürze ein allgemeines Bild von diesen frühesten Verhältnissen des Landes entwerfen, und jene Orte angeben, welche durch den früheren Aufenthalt der Römer besondere Beachtung verdienen.

Der Verfasser.

Inhalt.

Aeußere Geschichte.

Die Geschichte der heutigen Rheinpfalz reicht nicht viel weiter als ein halbes Jahrhundert über unsere Zeitrechnung hinauf, und beginnt mit Julius Cäsar, der im Jahre 58 vor Christus als römischer Proconsul nach Gallien kam, und dieses Land der römischen Herrschaft unterwarf. Ihm verdanken wir auch die ersten Nachrichten über Gallien und das linke Rhein= ufer, das damals zu Gallien gehörte.

Nach Julius Cäsar wohnten auf dem linken Ufer des Rheines, in dessen Geschichte jene der heutigen Pfalz enthalten ist, Völkerstämme theils gallischer, theils germanischer Abkunft. In der Rheinpfalz selbst wohnten damals die Medio= matriker, ein Volk gallischen Ursprungs. Diese wurden um das Jahr 58 vor Christus von einem deutschen Stamme, den Tribokern, hinter die Vogesen, in das sogenannte Westrich zurückge= drängt. Aber auch die Triboker mußten bald darauf, um das Jahr 50 vor Christus, ihre neuen Wohnsitze mit zwei vom rechten Rheinufer aus eingewanderten deutschen Stämmen, den Nemetern und Vangionen, theilen. Die Römer hatten diesen Einwanderungen nichts entgegengesetzt, da die Ankömmlinge deren Oberherrschaft anerkannt, und die Zahlung eines Tributs zugesagt hatten.

Die Bewohner der heutigen Rheinpfalz, welche vom Jahre 57 vor Christus gleich den andern linksrheinischen und einigen rechtsrheinischen deutschen Völkerschaften unter römischer Herrschaft standen, waren also die Nemeter, Vangionen und Triboker in der heutigen Vorderpfalz, und die Mediomatriker im sogenannten Westrich, und von ihren und ihres Landes Schicksalen sollen die nachfolgenden Aufzeichnungen ausschließlich sprechen.

Bei den anfänglichen Befreiungsversuchen der Gallier, das römische Joch abzuschütteln, betheiligten sich stets die am linken Ufer des Rheines wohnenden Völkerschaften: namentlich geschah dies bei dem Aufstand des Inducio-mar zu Trier (54 vor Christus), bei jenem des Ambiorix, Fürsten der Eburonen und des Vercingetorix, Fürsten der Averner, welch' letzterem die Mediomatriker sogar 5000 Mann Hilfstruppen stellten. Nachdem aber Vercingetorix von Julius Cäsar bei Alesia (Alize bei Dijon) geschlagen worden, war ganz Gallien zur Ruhe gebracht, gehorchte wieder den Römern, und verhielt sich auch nach dem Abzuge des Julius Cäsar nach Rom, wo diesen die Weltherrschaft erwartete, vollkommen ruhig, zumal das Land durch starke Truppenaushebungen geschwächt, und durch 8, an verschiedenen Punkten desselben aufgestellte Legionen niedergehalten wurde.

Kaiser Augustus (30 vor bis 14 nach Christus), gab den Provinzen auf dem linken Rheinufer den Namen Germania, und theilte es in Germania superior und in Germania inferior. Das obere Germanien reichte von Basel bis unterhalb Mainz, das untere von da bis an das Meer, die westliche Grenze bildeten die Vogesen, die östliche der Rhein. Der römische Statthalter für Obergermanien wohnte zu Mainz, der für Untergermanien zu

Cöln, und jener für Belgien zu Trier. Die heutige Rheinpfalz gehörte dieser Eintheilung nach zum Theil zu Obergermanien, zum Theil aber auch zu Belgien.

Während des Friedens, dessen sich das ganze römische Reich unter Augustus erfreute, verwendete dieser Kaiser viele Sorgfalt auf die innere Organisation und Verbesserung des Zustandes Galliens und Germaniens, ebenso auch dessen Stiefsohn, Drusus, den Augustus als Statthalter am Rheine zurückgelassen hatte, und der seines sanften Charakters halber bei den Galliern äußerst beliebt war. Drusus legte während seines Aufenthalts am Rhein (30 bis 9 vor Christus) mehr als 50 Castelle an, um das linke Ufer dieses Flusses gegen die Ueberfälle der Deutschen zu schützen.

Rheinzabern (Tabernae Rheni), Germersheim (Vicus Julii) und Altripp (Alta ripa) verdanken solchen Castellen ihren Ursprung. Auch die Eingänge zu den Vogesen wurden durch solche Castelle vertheidigt. Bergzabern (Tabernae montis) hat unter Andern einer daselbst stationirten Legion seinen Ursprung zu verdanken.

Kurz vor dem Tode des Kaisers Augustus wurde der Sohn des Drusus, welcher den Bei= namen Germanicus führte, als Statthalter der beiden Germanien an den Rhein geschickt. Er trug in diesen entlegenen Provinzen viel zur Anerkennung des Kaisers Tiberius, der auf Augustus gefolgt war, bei, verwaltete Gallien mit weiser Umsicht, und hielt strenge Ordnung in den ihm anvertrauten deutschen Landestheilen. — Als Sühne für die Niederlage der Römer unter Varus im Teutoburger Walde im Jahre 9 vor Christus setzte Germanicus mit den in Ger= manien stehenden Heeren (die 2., 13., 14. und 16. Legion), anno 15 nach Christus, über den Rhein, und schlug die Deutschen unter ihren Fürsten Inguiomar und Arminius. Leider wurde Germanicus nach 4 Jahren seines Auf= enthalts am Rhein von dem mißtrauischen Kaiser Tiberius nach Rom gerufen, und bald darauf, 19 nach Christus, zu Antiochium vergiftet.

Als die Nachricht von des Germanicus Tobe nach Gallien kam, brach eine allgemeine Empörung gegen die Römer aus. Die Medio= matriker hatten sich bei dieser Erhebung an die

Trevirer angeschlossen, und wurden auch mit diesen von den Römern wieder zur Ruhe gebracht.

Im Jahre 29 nach Christus wurde Lentulus Gätulicus Statthalter der beiden Germanien, ein Mann, der sich durch seine Milde und Gerechtigkeit die Liebe und Achtung des Volkes erwarb, und während der zehn Jahre seiner Verwaltung eifrigst bemüht war, den Wohlstand des Landes zu heben. Aber Kaiser Caligula, der nach dem Tode des Tiberius (38 nach Christus) den römischen Kaiserthron schändete, ließ den edlen Gätulicus ermorden, und ersetzte ihn durch den Statthalter Sabinus. Caligula selbst kam nach Gallien und in sein Vaterland Germanien (denn er war in Trier geboren und erzogen worden), wo er sich bald durch seine Unverschämtheit in Erpressungen, seine Grausamkeit und seine feige Gefühllosigkeit gründlich verhaßt machte. Zum Glücke für das römische Reich wurde dieses Scheusal im Jahre 41 zu Rom ermordet.

Unter der Regierung des schwachen Kaisers Claudius (41 bis 54) wurden die Druiden,

deren grausame Opfer schon unter Augustus ver=
boten waren, aus Gallien vertrieben.

Die nachfolgenden Kaiser: der Unmensch
Nero (54 bis 68), der partheiische Galba
(68) und der schwelgerische Vitellius (69)
bedrückten die rheinischen Völkerschaften auf ver=
schiedene Art, namentlich belasteten sie dieselben
durch übermäßige Abgaben.

Im Anfange der Regierung des Kaisers
Vespasianus (69 bis 79) wurde der blutige
Aufstand des Batavers Claudius Civilis, um
Gallien und Germanien von dem römischen Joche
zu befreien, und woran sich auch die in der heu=
tigen Pfalz wohnenden Völkerschaften: die Van=
gionen, Nemeter, Triboker und Mediomatriker
betheiligt hatten, bewältigt, und diese Länder
durch den Legaten Petilius Cerealis dem
römischen Scepter wiedergegeben. Unter der
weiteren Regierung des Kaisers Vespasianus
und seines Nachfolgers Titus blieb das linke
Rheinufer ruhig.

Kaiser Domitianus (81 bis 96), der sich
durch seine Grausamkeit überall verhaßt gemacht,

und auch den Statthalter in Obergermanien, L. Antonius, beleidigt hatte, brachte diesen und mit ihm die Triboker, Nemeter und Vangionen zum Aufstande. Domitianus zog ihnen selbst entgegen; ehe er aber an den Rhein kam, war das Heer des Antonius durch den Statthalter in Untergermanien, L. Maximus, bereits geschlagen. In Folge der wegen dieses Aufstandes eingeleiteten Untersuchung wurde eine große Menge Menschen in den aufständischen Provinzen hingerichtet.

Mit Domitianus endete eine Reihe schlechter römischer Kaiser, auf die der Freund des Bürgerglückes und des Menschenwohles nur mit Schaudern und Entsetzen zurückblickt.

Unter den folgenden Kaisern: Coccejus Nerva (96 bis 98), Ulpius Trajanus (98 bis 117), Hadrianus (117 bis 138), Antoninus Pius (138 bis 161), M. Aurelius Philosophus (161 bis 180), Commodus (180 bis 192), Helvius Pertinax und Dibius Julianus (193) und unter Septimius Severus (193 bis 211) blieb das Land ruhig, von äußern Feinden verschont, und erfreute sich der besonderen Fürsorge und des Wohlwollens der Regierung.

Die römischen Kaiser Aurelius Bassanius Caracalla (211 bis 217), Opelius Macrinus (217 bis 218) und Heliogabalus (218 bis 222) hatten mit den theils durch Waffengewalt, theils freiwillig verbündeten deutschen Stämmen harte Kämpfe zu bestehen. Unter Kaiser Alexander Severus (222 bis 235) machten die Alemannen die ersten Einfälle in Gallien, wurden aber dafür vom Kaiser Maximinus (235 bis 238) in ihren eigenen Wohnsitzen zwischen Rhein, Donau und Main aufgesucht und gezüchtigt. Unter Gordianus (238 bis 244) erhoben sich die nördlich des Maines wohnenden Franken, und beunruhigten im Jahre 241 das linksrheinische Germanien.

Unter der Regierung der folgenden Kaiser: Julius Philippus (245 bis 249), Trajanus Decius (249 bis 251), Trebonianus Gallus (251 bis 253) und Aemilius Aemilianus (253) blieben die Rheingegenden ruhig. Aber unter Valerianus (253 bis 259) und unter dessen Sohn Gallienus (259 bis

268), machten die Alemannen auf's Neue Versuche, sich am linken Rheinufer festzusetzen. Im Jahre 259 ging Chrokus, König der Alemannen bei Mainz über den Rhein, und griff mit solcher Macht die gallischen Provinzen an, daß an einen Widerstand nicht zu denken war. Die schönsten Städte der beiden Germanien, worunter auch Speyer, wurden zerstört, ganz Gallien überschwemmt, überall Gräuel und Verwüstung verbreitet, bis der römische Legat Postumus herbeieilte, und die Alemannen wieder vertrieb. Dafür erhoben die Gallier den Postumus zum Kaiser, und dieser regierte sieben Jahre lang (259 bis 266), unabhängig von Rom, mit dem größten Glücke, und genoß die Liebe und Achtung seiner gallischen Unterthanen in hohem Grade.

Nach seiner Ermordung fielen die Alemannen abermals ein, und verheerten viele Städte Galliens. Lollianus trieb sie über den Rhein zurück, und stellte die zerstörten Städte wieder her. Nach ihm regierten in Gallien die beiden Victorine (268), die zu Cöln residirten, wie auch die folgenden Gegenkaiser des Gallienus, welche man gewöhnlich die 30 Thrannen heißt. Diese Cäsaren weilten gerne bei der Rheinarmee, weil sie wohl wußten, daß von ihr die Ruhe und die Sicherheit von ganz Gallien abhänge.

Es war ein Glück für die linksrheinischen Länder, daß sie in jenen gefahrvollen und unruhigen Zeiten 13 Jahre lang von dem römischen Reiche getrennt blieben: denn sie hatten an den Gegenkaisern des Gallienus lauter kräftige Männer, die den einfallenden Alemannen energischen Widerstand zu leisten im Stande waren.

Nachdem der edle Kaiser Aurelius Claudius (268 bis 270) an der Pest gestorben, und Aurelianus (270 bis 275) ihm nachgefolgt war, gehorchte das ganze linke Rheinufer wieder den römischen Kaisern. Unter Claudius Tacitus (275 bis 276) fielen die Franken und Alemannen in Gallien ein, wurden aber vom Kaiser Aurelius Probus (276 bis 282) über den Rhein und den Neckar zurückgeschlagen. Unter dem schwachen Kaiser Carus (282 bis 284) und dessen unmündigem Sohn Carinus empörten sich die Bewohner der durch die häu-

figen Einfälle der Alemannen und durch uner=
hörte Abgaben verarmten, durch Truppenaus=
hebungen aber entvölkerten linksrheinischen Ge=
genden, die das Unerschwingliche nicht mehr zu
leisten im Stande waren, und durchzogen Gal=
lien raubend und plündernd. Die Aufrührer
nannten sich Baugauben, und ihre Unterneh=
mungen, dem spätern Bauernkriege nicht unähn=
lich, fielen in die Regierung des Kaisers Dio=
cletian (284 bis 286).

Unter dessen Nachfolger Maximianus (286
bis 305) brachen die Burgunden und Ale=
mannen mit solcher Macht in Gallien ein, daß
der römischen Herrschaft daselbst das Ende be=
vorzustehen schien; nur die Klugheit dieses Kai=
sers rettete Gallien vor gänzlicher Verheerung,
nachdem das linke Rheinufer unendliche Trübsal
erlitten. Im Jahre 296 erschienen die Ale=
mannen abermals in zahlloser Menge, wurden
aber von Constantius bei Vindonissa (Win=
disch im Canton Aargau) fast bis zur Vernich=
tung geschlagen. Nach dieser Schlacht traten
die Alemannen in ein freundschaftliches Ver=
hältniß zu den Römern; nicht so schnell waren

die Franken zur Ruhe gebracht. Diese waren
um dieselbe Zeit über den Rhein gegangen, um
sich in Gallien niederzulassen, wurden aber von
dem nachmaligen Kaiser Constantinus Magnus (305 bis 337) in ihre Heimath zurückgeschlagen, sowie ihnen ein wiederholter Versuch
im Jahre 313 durch denselben Kaiser vereitelt
wurde. Im Jahre 318 wurde eine neue Eintheilung der Gallischen Provinzen vorgenommen.
Nach derselben hieß von nun an das obere Germanien „Germania prima"; das untere Germanien erhielt den Namen „Germania secunda".
Durch die ungemeine Sorgfalt und Vorsicht des
Kaisers Constantinus Magnus und seiner Söhne
Crispus, Constantinus jun. (337 bis 340)
und Constans (340 bis 351) blieb das linke
Rheinufer von den Einfällen der Alemannen und
Franken verschont. Aber unter Kaiser Mag-
nentius (351) und unter seinem Bruder De-
centius (353) nahmen die Alemannen, unter
ihrem Könige Chnobomar, das linke Rheinufer weg, und behaupteten sich auch unter ihren
zwei anderen Königen Gundomad und Vado-
mar, bis Kaiser Constantius (353 bis 361)

2*

sie vertrieb, in ihre Heimath verfolgte und erst dort mit ihnen Friede schloß.

Aber die Ruhe in Germanien dauerte kaum 2 Jahre, denn schon im Jahre 356, wo die Franken am Unterrhein und die Alemannen am Oberrhein verheerend in das römische Gebiet einge= fallen waren, brach der Krieg von Neuem aus. Die Rheingegend war damals eine Oede; die Städte waren verbrannt, die Felder verwüstet, die Men= schen gemordet, geflüchtet oder in Gefangenschaft geschleppt. Erst im folgenden Jahre gelang es dem Kaiser Julianus, die Alemannen zu wie= derholtenmalen, zuletzt zwischen Straßburg und Saverne, bei Hausberg, und hierauf bei Mainz zu schlagen, über den Rhein zurückzu= treiben und die alten Grenzen des römischen Reiches wieder herzustellen. Im Jahre 358 wollte Julianus das rechte Rheinufer angreifen, die deutschen Könige baten aber um Frieden, und lieferten ihre Gefangenen, und die zur Er= bauung der zerstörten Städte nöthigen Geräthe aus. Ein Einfall der Römer auf deutsches Ge= biet im folgenden Jahre 359 und im Jahre 360 führte dahin, daß die Deutschen sich bereit=

willig einen Tribut auflegen ließen. Von Ju=
lianus (360 bis 363) hat sonach das linke
Rheinufer seine Ruhe, seine Städte und Dörfer,
und sogar einen großen Theil seiner Bewohner
wieder empfangen.

Nach Julianus Tod fielen die Alemannen
abermals in das römische Gebiet ein; Kaiser
Valentinian (364 bis 375) schickte ihnen den
Legaten Dagalaiphus entgegen, der sie wieder
über den Rhein zurückschlug. Aber im folgen=
den Winter, als der Rhein gefroren war, fielen
die Alemannen auf's Neue in Gallien ein, brach=
ten den Römern eine große Niederlage bei,
setzten sich auf dem linken Rheinufer fest, und
dehnten ihre Streifereien selbst bis über die
Mosel aus, — bis ihre Heerhaufen endlich
einzeln von dem römischen magister equitum
Jovinus geschlagen und vernichtet wurden.

Neun Jahre lang blieb jetzt der obere Theil
des linken Rheinufers von den Einfällen der
Barbaren befreit. Im Jahre 368 überfiel der
alemannische König Rando die Stadt Mainz,
wurde aber wegen dieser Treulosigkeit mitten
im Frieden bei Salicinum (Ladenburg) von

den Römern angegriffen und geschlagen. Kaiser Valentinianus erbaute nach diesem Vorfall überall Burgen, Castelle, Thürme und Festungswerke, welche ihm zur Abhaltung der Deutschen nöthig schienen. Ein Einfall der Sachsen in Gallien im Jahre 366 wurde von den Römern energisch zurückgewiesen. Aber alle Anstrengung Valentinians, die Alemannen zu bändigen, waren vergebens, ihre Macht war zu groß und der Verfall des römischen Reiches zu offenbar, als daß jene Völker noch länger hätten zurückgehalten werden können.

Nach Valentinianus I. Tod fiel Gallien und die gallischen Provinzen seinem Sohne Gratianus (375 bis 383) zu. Dieser ließ die Linzgauer (Lentienses), welche sich am linken Rheinufer niederlassen wollten, bei Horburg angreifen und vernichten. Er selbst zog im Jahre 378 gegen die Alemannen, um sie von weiteren Einfällen in Gallien zurückzuschrecken.

Die römischen Truppen in Britannien wählten im Jahre 383 den Maximus (383 bis 388) zum Kaiser, welchem auch bald die gallischen und spanischen Provinzen anhingen.

Das am Rhein stehende Heer erkannte ihn ebenfalls an, ebenso huldigten beide Germanien dem herbeieilenden neuen Kaiser. Maximus schlug und tödtete den Gratianus, wurde aber 388 von Theobosius ebenfalls geschlagen und hingerichtet. Valentinianus II. wurde zu Bienne grausam ermordet, und der Staatsminister Eugenius 392 zum Augustus erhoben. Während dieser sonst so bewegten Zeiten waren beide Germanien ziemlich in Ruhe.

Durch die vom Kaiser Theobosius dem Großen (395) vorgenommene Theilung des Reiches kam das Abendland an dessen Sohn Honorius (395 bis 423). Dieser schickte seinen Feldherrn Stilico an den Rhein, um die Alemannen und Franken zu bändigen, was ihm auch auf kurze Zeit gelang. Im Jahre 407 jedoch gingen die Vandalen und Alanen bei Mainz über den Rhein, plünderten das linke Rheinufer, verheerten dessen Städte und mordeten viele tausend Einwohner. Ihnen folgten die Alemannen, und nahmen von Germania prima Besitz. Rom hatte seine Herrschaft für immer daselbst verloren, und die Alemannen herrschten von nun an, von 407 bis 496, mit ihrer rohen Macht über einen großen Theil des linken Rhein= ufers, namentlich über die ganze Gegend, welche heut zu Tage die bayerische Pfalz ausmacht.

Als die Alemannen 496 in der großen Schlacht bei Zülpisch (Tobiacum) vom Fran= kenkönig Chlodwig geschlagen worden, kam das linke Rheinufer unter den Scepter der Franken= könige, und verblieb unter demselben bis 843.

Innere Geschichte.

Durch die Gründung der römischen Herr=
schaft in Gallien wurde eine große Veränderung
in Sitten und Gebräuchen, Lebensweise, Klei=
dung, Regierungsform und Rechtspflege hervor=
gebracht. Die Römer führten alle Bequemlich=
keiten des Lebens und mit denselben auch den
Luxus ein. Durch die lateinische Sprache,
welche durch die Römer in die Rheingegenden
kam, war auch den Künsten und Wissenschaften
und dem Christenthume der Weg gebahnt. Die
alte Rohheit und Unwissenheit wurden verdrängt,
feinere Sitten und Bildung traten an deren
Stelle.

Die Kleidung erlitt in der römischen Periode
eine große Veränderung. Zu der Tunica und
dem Sagum der Gallier kam bei den Vor=
nehmen noch die römische Toga. Zu den Halb=
stiefeln (Gallica), welche man früher trug, kam
der Soccus für Frauen und Schauspieler, der

Kothurn für Jagden und bei Aufführung von Tragödien 2c. 2c., der Mulleus für festliche Gelegenheiten und der Pero für Soldaten und Landleute. Das Haupthaar wurde geschoren, dann wieder lang getragen, endlich wieder geschoren.

Ebenso änderte sich die Lebensweise der Gallier, welche nach und nach Manches von den römischen Gebräuchen annahmen und mit vielen Luxusartikeln bekannt wurden, deren Bedürfniß sie vorher nie geahnt.

Die Bewohner der heutigen Pfalz trieben Getraide- und Obstbau, später auch Weinbau. Kaiser Domitian jedoch verbot den Weinbau, weil er den Getraidebau für vortheilhafter hielt, und durch die Nüchternheit der Einwohner alle Streitigkeiten und Empörungen verhüten wollte. Erst Kaiser Probus hob dieses Verbot auf, und gestattete allen Galliern ohne Unterschied, Weinreben zu pflanzen. Sofort verschwanden allmählig die düstern Waldungen von den Hügeln, und an ihre Stelle wurde der Weinstock gepflanzt.

Die Verwaltung des Landes war unter Cäsar bis zur Alleinherrschaft des Augustus noch keine feste und geregelte, sondern Gallien und die linksrheinischen Provinzen wurden, wie ein militärisch occupirter Staat, militärisch verwaltet. Kaiser Augustus führte die römische Verwaltung ein, jedoch so, daß den gallischen Staaten ihre Verfassung dem Scheine nach gelassen, in der That aber sie nach römischer Weise regiert wurden. Unter Kaiser Constantin dem Großen erlitt sowohl die geographische Eintheilung, als auch die Staatsverfassung des römischen Reiches eine gänzliche Aenderung, und wurden sohin auch Gallien und die linksrheinischen Provinzen nach diesen neuen Principien bis zum Untergang der römischen Herrschaft in diesen Ländern verwaltet.

Gleich am Anfange der christlichen Zeitrechnung war die Sprache in der heutigen Rheinpfalz ein sonderbares Gemisch. Die Bewohner des Landes, die Mediomatriker, sprachen Gallisch, die eingewanderten Triboker, Nemeter und Vangionen sprachen deutsch, nur die Herren des Landes, die Römer, sprachen lateinisch. So entstand eine Sprache, die weder gallisch, noch deutsch, noch ganz lateinisch war,

bis zuletzt die gebildete lateinische Sprache die
Oberhand behielt, zumal die religiösen und ge=
richtlichen Handlungen in dieser Sprache vorge=
nommen, und die Gesetze ebenso wie die ad=
ministrativen Verordnungen nur in lateinischer
Sprache gegeben wurden. Gegen das Ende des
römischen Zeitraumes redete das ganze linke
Rheinufer lateinisch, bis am Anfange des 5.
Jahrhunderts durch die einfallenden und das
Land erobernden Deutschen das lateinische Ele=
ment dem deutschen weichen mußte.

Nach der Vertreibung der Druiden, dieser
alten gallischen Priester, Wahrsager und Astro=
logen durch Kaiser Claudius, wurden die
Schulen nach römischer Art eingerichtet, und
Kaiser Gratianus sicherte den Lehrern in den
vorzüglichsten Städten Galliens gewisse Gehalte
zu, und suchte überhaupt die Bildung auf
Kosten des Staates zu heben. Wenn aber auch
damals in den Städten Cöln, Coblenz,
Mainz, Speyer und Straßburg Schulen
bestanden, so waren sie doch durch die kriege=
rischen Zeiten und die beständigen Einfälle der
Deutschen in ihrer Wirksamkeit gehemmt und

ein freudiges Emporblühen der Wissenschaft ge=
stört, woher es wohl auch kommen mag, daß
das linke Rheinufer aus jenen alten Zeiten keinen
einzigen Gelehrten aufzuweisen im Stande ist.

Nach der Vertreibung der Druiden aus Gal=
lien verlor sich die alte celtische Religion nach
und nach in der römischen, so daß letztere die
herrschende auf dem linken Rheinufer wurde.
In dieser Zeit wurden alle römischen Gottheiten
in Tempeln, auf Altären, in Bädern und Thea=
tern verehrt, und ist es daher erklärlich, daß
in der Rheingegend Bilder aller römischen Göt=
ter gefunden werden, da die ganze römische
Religion hier gepflegt wurde.

Neben der ächt römischen Götterverehrung
hatte aber auch durch die orientalischen Truppen,
welche längere Zeit am Rheine standen, (eine
römische Legion führte den Namen „die ägyp=
tische"), der persische Mithras=Dienst und der
ägyptische Götzendienst Eingang gefunden. —
Durch die christlichen Soldaten im römischen
Heere, sowie durch christliche Glaubensprediger,
die von Rom kamen, wurde die christliche
Religion in Gallien und in den Rheinpro=

vinzen bekannt, fand nach und nach in diesen
Ländern immer mehr Eingang und Anhänger,
und zählte bereits im zweiten Jahrhundert nach
Christi Geburt ganze Christen-Gemeinden unter
Aufsicht ihrer Priester und Bischöfe. Ein be=
sonders günstiges Moment für die Einführung
des Christenthums war aber die Bekehrung
Constantins des Großen zum Christenthum im
Jahre 312, wodurch die Christen vor allen fer=
neren Verfolgungen geschützt wurden. In diesen
so günstigen Zeiten sind wahrscheinlich die Bis=
thümer zu Speyer, Worms, Straßburg
und Mainz entstanden. Das Christenthum sah
einer freudigen Zukunft entgegen, und schien in
wenig Jahrhunderten das Heidenthum völlig aus
den Rheinlanden zu verdrängen, als sich durch
den Rücktritt des Kaisers Julianus zum Hei=
denthum, und durch die Einfälle und die endliche
Niederlassung der Alemannen auf dem linken
Rheinufer der Verbreitung desselben sehr schwere
Hindernisse entgegenstellten. Beinahe ein volles
Jahrhundert verschwand die christliche Religion
wieder von dem linken Rheinufer, bis die Schlacht
bei Zülpisch (496) das Land von dem Drucke

der Alemannen befreite, und es unter die Herrschaft der Franken brachte, deren König Chlodwig sich taufen ließ, und die weitere Ausbreitung des Christenthums nach allen Kräften beförderte.

Für ihre militärischen Zwecke, für den Handel und für den erleichterten Verkehr hatten die Römer in Gallien und in den linksrheinischen Provinzen große Heerstraßen angelegt.

Eine solche, welche von Turin aus über die Alpen nach Gallien den Rhein abwärts führte, ging auch durch die heutige Pfalz, und berührte von Straßburg (Argentoratum) aus die Städte Brumath (Brocomagus), Sulz (Saletio), Weissenburg (Concordia), Rheinzabern (Tabernae), Germersheim (Vicus Julii), Speyer (Noviomagus), Worms (Borbetomagus), Oppenheim (Bauconica), Mainz (Moguntiacum), Bingen (Bingium) rc.; Reste dieser Straße sind der Thümel (Tumulus), der durch den ganzen Bienwald, größtentheils paralell mit der dermaligen Straße, läuft.

Die große Militärstraße, welche von Trier südlich bis an die Blies und Saar führte, berührte die Pfalz nur in ihrem östlichen Arme,

der sich von Stennweiler (St. Wendel), an
Neukirchen vorbei nach der römischen Befesti-
gung bei dem späteren Wörschweiler-Kloster
nördlich von Blliescastel abzweigte.

Ebenso finden sich Spuren der Metz-Main-
zer Militärstraße, die sich von den Rendrisch-
Höfen an der Grenze, gegen St. Jngbert,
über die Ruinen der uralten Burg Kirkel
(Circulus) nach dem ehemaligen Wörschweiler-
Kloster, den Höfen Schwarzenacker gegenüber,
verfolgen lassen.

Die Spuren einer vierten römischen Heer-
straße verlaufen von Güdingen aus über Mim-
bach und Jxheim bei Zweibrücken bis auf
die Höhe von Pirmasens.

Außer diesen großen Militärstraßen bestanden
noch viele kleinere, die den heutigen Vizinalstraßen
gleich waren, und zum Verkehr des linken Rheinufers und an diesem Flusse liegenden Städten
mit dem westlichen Theile des Landes dienten.
Spuren solcher Vizinalstraßen finden sich noch:

1) Von Worms (Borbetomagus) gegen das
Gebirge, an Dürkheim vorbei, das Gebirge
entlang nach Neustadt (Noviomagum).

2) Von Rheinzabern (Tabernae) nach Hörbt in gerader Richtung. Der Lauf dieser Straße läßt sich selbst bei bestellten Feldern noch ziemlich deutlich durch den minder fruchtbaren Boden unterscheiden.

3) Hochstraße von Kaiserslautern nördlich über Otterbach, den Felsbergerhof, Roth nach Meisenheim.

4) Von Landstuhl nördlich an Ramstein, Reichenbach und Oberstaufenbach vorbei, nach Wolfstein, Abenbach, Odenbach und Meisenheim. Von hier aus wahrscheinlich nach Bingen.

5) Vom Castrum zu Oberstaufenbach nach Friedelhausen, Altenglan, dann längs der Glan über St. Medard nach Meisenheim.

6) Von Landstuhl südlich über Bann, Weselberg, Hermersberg, durch den Seiberswald, nach Hohen-Einöd, in der Nähe von Hochfröschen, Hocheischweiler, Staffelhof, Fehrbach vorbei gegen Münschweiler, weiters gegen Windsberg nach Bitsch und Saverne (Tabernae).

Funde aus der Römerzeit.

Von dem vierhundertjährigen Aufenthalte der Römer in der Pfalz geben die allerorten aufgefundenen Gegenstände Zeugniß, und es sei mir schließlich gestattet, die Orte anzugeben, wo die bedeutendsten Funde gemacht worden sind und noch gemacht werden. Bei Aufzählung derselben werde ich zur leichteren Orientirung in der Richtung von N.=O., S.=O., N.=W., S.=W. vorgehen, und in Klammern die größern Orte oder Städte beisetzen, in deren Nähe die kleineren Fundorte liegen.

Spuren römischer Wohnungen.

In Sausenheim (Grünstadt), auf der sogenannten Hoheburg (Ruppertsberg), zu Rheinzabern, zu Drusweiler (Bergzabern), zu Horschbach und zu Bosenbach (Wolfstein), bei Steinwenden, bei Ohmbach (Kusel=Waldmohr), in Rheinheim (an der französischen Grenze).

Ruinen einer Römerstadt

mit einem verschütteten Venus=Tempel zwischen Rheinheim und Bliesbrücken.

Ruinen von Tempeln.

Auf dem Kirchhofe zu Alsenborn (Kaisers= lautern), dann oberhalb Bliescastel auf dem Alsbacher=Berge.

Brennöfen für Töpfergeschirr.

Zwei verschiedener Construktion zu Rhein= zabern.

Bleiplatten von einer Dachbedeckung.

Bei Horschbach (Wolfstein).

Steinpflaster.

Zweifach aufeinander liegendes zu Speyer an der Domkirche.

Altar und Denksteine.

Im Dorfe Kriegsfeld (Kirchheimbolanden), bei Eisenberg und Kirchheim an der Eck (Grünstadt), zu Dannstadt (Mutterstadt), in

Meckenheim, zu Deidesheim, auf der so=
genannten Hoheburg (Ruppertsberg), zu Du=
denhofen (Speyer), bei Neustadt in der so=
genannten „Schanze“, zu Freimersheim (Eden=
koben), zu Frankweiler, in Nußdorf,
Godramstein, Arzheim und Impflingen
(Landau), zu Germersheim, zwischen Rhein=
zabern und Rülzheim, in Rheinzabern,
auf dem Gipfel des Roßberges bei Becher=
bach (Meisenheim), zu Dielkirchen, auf dem
Wege zwischen Ransweiler und Schönborn
und in Rockenhausen, in Wolfstein und in
dem nahen Roßbach, bei Altenglan, in
Oberstaufenbach (Steinwenden), zu Kusel,
zu Quirnbach und oberhalb Rehweiler (Kusel),
zu Dunzweiler (Waldmohr), auf der Si=
ckinger Höhe im Walde (Landstuhl), im Bier=
bacher Banne, auf dem Schlosse und in Nieder=
würzbach bei Bliescastel.

**Denksteine mit den Gottheiten der sieben
Wochentage.**

Zwei zu Godramstein (Landau) und einer
in Germersheim.

Wegsäule.

Eine im Bienwald an der dortigen Rö=
merstraße.

Denkmale.

In der Gegend von Kusel, nicht weit von
dem Schlosse Lichtenberg bei dem Dorfe
Schwarzerd ist ein Basrelief in einen Felsen
gehauen, welches ohne Zweifel den persischen
Sonnengott Mithras vorstellt. An dem Felsen
über dem Basrelief war ein Tempel angebaut.

An der Landstraße nahe bei Landstuhl
liegen große Steine mit Inschriften und Figuren,
ohne Ordnung aufeinander gehäuft, welche von
einem alten Denkmale aus der spätern römischen
Periode herrühren. Im Volksmunde werden
diese Steine die „Sickinger Würfel" genannt.

Auf dem Wege von Schweix und Hilst
nach Eppenbrunn ist eine senkrechte Felswand,
auf welcher die Figuren der Diana, des Her=
kules und des Apollo eingehauen sind.

Bäder.

An Aschbach an dem Fahrweg gegen Nerz=
weiler (Lauterecken) vollständig erkennbares

römisches Schwitzbad; dann bei Schwarzen=
acker (Zweibrücken) und beim Dorfe Bierbach
(Bliescastel) römisches Mineralbad.

Bei Horschbach (Waldmohr) wurde eine
steinerne Badewanne mit schönen Figuren ge=
schmückt gefunden.

Steinerne Sarkophage.

(In den geöffneten befanden sich meist Ur=
nen von Glas oder von samischer Erde, irdene
Krüge mit Asche und Haaren, Thränengefäße,
Waffen, Spangen, und in einigen die Leichen
in einer weißen Materie).

Bei Ellerstadt und Nieberkirchen (Dürk=
heim), auf der sogenannten Hoheburg bei
Ruppertsberg, zu Dudenhofen und auf dem
sogenannten Gänsepfuhle bei Speyer, auf
dem Banne von Heiligenstein (Speyer) und
bei Rheinheim an der französischen Grenze.

Grabhügel, auch Heidenhügel, Heidengräber genannt.

(In den geöffneten fand man Armringe,
Waffen, Metallplättchen, Lagen von Kohlen ꝛc.)
Auf den Bännen von Frankweiler und

Weiher (Landau), bei Heinzenhausen (Lau=
terecken), an der Spitze des Eisensteins bei
Jettenbach (Wolfstein), in den Gemarkungen
von Alsenborn, Enkenbach, Mehlingen
und Neukirchen (Kaiserslautern), im Wäld=
chen Abelsbüsch bei Nünschweiler und im
Stausteiner Wald bei Kröppen (Pirmasens)
und auf dem Banne von Hilst (Eppenbrunn).

Große Begräbnißstätten.

Zwischen Maxdorf und Dürkheim, zu
Speyer und zu Rheinzabern.

Hausgötter (Penates).

Bei Dürkheim eine Figur von Bronze, bei
Neustadt gegen Mußbach eine Bronze=Figur
der Maiia, in Rheinzabern viele Bronze=
Figuren verschiedener Gottheiten, bei Oden=
bach (Meisenheim) herrliche Bronze=Figur des
Mercur, bei Schwarzenacker (Zweibrücken)
Bronze=Figur des Jupiter.

Spangen (Fibulae), Haften, Ringe &c.

Auf dem Banne von Einselthum (Kirch=
heimbolanden), bei Albisheim (Grünstadt), in

Eisenberg (Grünstadt), bei Frankenthal, bei Heuchelheim (Frankenthal), südlich von Otterberg, bei Kübelberg (Waldmohr), bei Schwarzenacker (Zweibrücken).

Waffen.

In Eisenberg (Grünstadt), bei der Burg von Wachenheim, auf der Meckenheimer Gemarkung und bei Mußbach (Neustadt), bei Drusweiler (Bergzabern), in den Torfbrüchen bei Billigheim, bei Rothselberg und Jettenbach (Wolfstein).

Ferner wurde ein eiserner Scepter an der Römerstraße im Bienwalde, und ein bronzenes Täfelchen, wie deren mehrere an der Stange eines Feldzeichens hingen, bei Schwarzenacker (Zweibrücken) gefunden.

Gefäße und Geräthschaften.
1) Von Metall.

Bei der Burg von Wachenheim, bei Mußbach (Neustadt), in den Torfbrüchen von Billigheim und bei Jettenbach (Wolfstein) fand man Messerklingen, Sicheln, Beile, Opfermesser und eiferne Werkzeuge. Bei Schwarzenacker (Zweibrücken) wurde eine Pfanne und ein Sieb (collum) von Bronze ausgegraben.

2) Urnen von Glas.

Zu Albisheim (Grünstadt), zu Eller= stadt (Dürkheim), zu Neustadt, in Birk= weiler (Landau), zu Altenkirchen (Wald= mohr), bei Rheinheim an der französischen Grenze.

Bei Hörbt (Rheinzabern) wurde eine kleine Glasfigur gefunden.

3) Von Bein.

In Speyer Fragmente von Kunstwerken, einen Bachantenzug und einen Satyr vorstellend.

4) Von Stein.

In Eisenberg (Grünstadt) zwei kleine Mühlsteine zu einer Handmühle. Gefäße in Dürkheim und in Birkweiler (Landau).

5) Von rothem Thon (samischer Erde).

Geschirre und Urnen. Bei Marnheim (Kirchheimbolanden), bei Sausenheim, Klein=

karlbach und zu Eisenberg (Grünstadt), bei Gönnheim (Dürkheim), auf der sogenannten Hoheburg (Ruppertsberg), auf dem Banne von Heiligenstein und in Speyer, in Erlenbach, der durch Rheinzabern fließt, und in Rheinzabern selbst, in und bei Langenkandel, auf dem Remigiusberge bei Altenglan, bei Otterberg und bei Schwarzenacker (Zweibrücken).

Münzen.

Bei Imsbach (Winnweiler), bei Eisenberg und Albisheim (Grünstadt), auf der sogenannten Hoheburg (Ruppertsberg), zu Rheingönnheim (Ludwigshafen), bei und in Speyer, bei Drusweiler (Bergzabern), auf dem Drachenfels (östlich von Weidenthal), zu Rheinzabern, zu Aschbach, Hefersweiler, Kreimbach und Bosenbach (Wolfstein), bei Wolfstein, auf der Heidenburg bei Reichenbach (Landstuhl), bei Steinwenden und auf der dortigen Heidenburg, bei Ramstein (Landstuhl), bei Hermersberg (Waldfischbach), bei Fehrbach (Pirmasens), zu Homburg, bei

Bierbach und auf dem Wörschweiler Kloster=
berge (Blieskastel), bei Schwarzenacker und
in dem nahen Guttenbrunn (Zweibrücken),
zwischen Rheinheim und Bliesbrücken.

Die meisten der in vorbenannten Orten ge=
machten Funde wurden unter der churpfälzischen
Regierung nach Mannheim, die späteren je=
doch nach Speyer in die dortigen Sammlungen
und in das Antiquarium (auf der nördlichen
Seite der Domkirche) abgeliefert, einige wenige
verblieben in den Händen von Privaten, oder
wurden durch Händler in auswärtige Samm=
lungen verkauft.

www.ingramcontent.com/pod-product-compliance
Lightning Source LLC
Chambersburg PA
CBHW032138080426
42733CB00008B/1118